182231

Colores para comer

Alimentos rosados

Isabel Thomas
Traducción de Paul Osborn

Heinemann Library
Chicago, Illinois

© 2005 Heinemann Library
a division of Reed Elsevier Inc.
Chicago, Illinois

Customer Service   888–454–2279
Visit our website at www.heinemannlibrary.com

Printed and bound in China by South China Printing Co. Ltd.

09 08 07 06 05
10 9 8 7 6 5 4 3 2 1

Library of Congress Cataloging-in-Publication Data
Thomas, Isabel, 1980-
  [Pink foods. Spanish]
  Alimentos rosados / Isabel Thomas.
      p. cm. -- (Colores para comer)
  Includes index.
  ISBN 1-4034-6337-9 (hardcover) -- ISBN 1-4034-6329-8 (paper)
    1. Food--Juvenile literature. 2. Pink--Juvenile literature. I. Title. II. Colors we eat.
  Spanish.

TX355.T452818 2004
641.3--dc22

                                                                                            200405438

Acknowledgments

The author and publishers are grateful to the following for permission to reproduce copyright material:
pp. 4, 5, 6, 7, 8, 12, 13, 14, 15, 16, 17, 18, 19, 20, 21, 21 Tudor Photography/Heinemann Library; p. 9 Ian Macguire; p. 10
Macduff Everton/Corbis; p. 11 Inga Spence/Holt Studios; 23 (cacti) Cumulus/Holt Studios.

Cover photograph: Tudor Photography/Heinemann Library.

Every effort has been made to contact copyright holders of any material reproduced in this book. Any omissions will be
rectified in subsequent printings if notice is given to the publisher.

Special thanks to our advisory panel for their help in the preparation of this book:

Leah Radinsky,   Ursula Sexton,
Bilingual Teacher   Researcher, WestEd
Inter-American Magnet School   San Ramon, CA
Chicago, IL

Unas palabras están en negrita, **así.**
Las encontrarás en el glosario en fotos de la página 23.

Contenido

¿Has comido alimentos rosados?

Estamos rodeados de colores.

Seguramente has comido alimentos de estos colores.

Hay frutas y verduras rosadas.

También hay otros alimentos rosados.

¿Cuáles son algunos alimentos rosados grandes y pequeños?

Algunos alimentos son grandes y rosados.

Las sandías son frutas grandes y rosadas.

Algunos alimentos son pequeños
y rosados.

Estos frijoles son rosados.

¿Cuáles son algunas frutas rosadas?

Éstas son toronjas.

Algunas toronjas son rosadas por dentro.

La guayaba es una fruta.

La parte rosada de una guayaba se llama la **pulpa**.

¿Qué alimentos tienen cáscaras rosadas?

El ajo es una planta con cáscara rosada.

Usamos el ajo para dar **sabor** a la comida.

Los litchis son frutas pequeñas
y redondas.

Tienen la cáscara rosada y
abultada.

¿Cuáles son algunos alimentos rosados dulces?

Los bombones son blandos y esponjosos.

Son muy dulces.

Esto es yogur de fresa.

Las fresas rojas hacen que el yogur sea rosado.

¿Has probado estos alimentos rosados sabrosos?

Los camarones son un tipo de marisco.

Al cocinarlos se vuelven rosados.

sándwich

jamón

El jamón es rosado.

¡Puedes preparar **sándwiches** de jamón!

¿Cuáles son algunos alimentos rosados raros?

La pitahaya es una fruta que tiene la cáscara rosada.

La pitahaya crece en un **cactus**.

El ruibarbo es una planta.

Tienes que cocinar los **tallos** de ruibarbo antes de comerlos.

¿Cuáles son algunas bebidas rosadas?

La limonada rosada está hecha con agua, jugo de limón, azúcar y jugo de arándano rojo.

El arándono rojo hace que la bebida sea rosada.

Esto es jugo de toronja rosada.

Puedes hacer este jugo exprimiendo toronjas rosadas.

Receta:
Postre rosado

Pídele a un adulto que te ayude.

Primero, mezcla un poco de mermelada de fresas con una lata de leche condensada.

Ahora bate la mezcla hasta que quede esponjosa.

Pon la mezcla en el refrigerador.

Puedes poner bombones encima antes de comerlo.

Prueba

¿Sabes cómo se llaman estos alimentos rosados?

Busca las respuestas en la página 24.

Glosario en fotos

cactus

página 16

planta espinosa que crece en lugares calurosos y secos

sabor

página 10

el gusto de algún alimento

pulpa

página 9

parte blanda del interior de una fruta

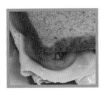

sándwich

página 15

dos rebanadas de pan con algún relleno

marisco

página 14

animal marino como pescados o camarón

tallo

página 17

parte de una planta que une la flor y la raíz

Nota a padres y maestros

Leer para buscar información es un aspecto importante del desarrollo de la lectoescritura. El aprendizaje empieza con una pregunta. Si usted alienta a los niños a hacerse preguntas sobre el mundo que los rodea, los ayudará a verse como investigadores. Cada capítulo de este libro empieza con una pregunta. Lean la pregunta juntos, miren las fotos y traten de contestar la pregunta. Después, lean y comprueben si sus predicciones son correctas. Piensen en otras preguntas sobre el tema y comenten dónde pueden buscar la respuesta. Ayude a los niños a usar el glosario en fotos y el índice para practicar nuevas destrezas de vocabulario y de investigación.

Índice

Respuestas a la prueba

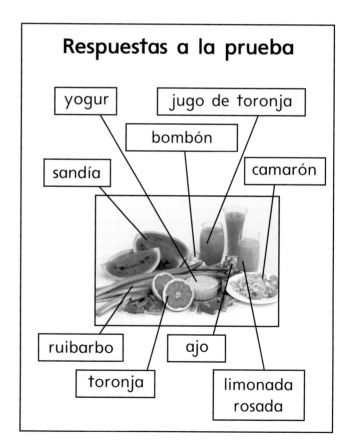

yogur

jugo de toronja

bombón

sandía

camarón

ruibarbo

ajo

toronja

limonada rosada